**Dados Internacionais de Catalogação na Publicação (CIP)**
**(Câmara Brasileira do Livro, SP, Brasil)**

Dugnani, Patrício
  Beleléu / Patrício Dugnani. – 9. ed. – São Paulo : Paulinas,
2012. – (Coleção Cavalo marinho. Série con-verso)

  ISBN 978-85-356-3100-5

  1. Literatura infantojuvenil I. Título. III. Série.

12-03195                                        CDD-028.5

**Índices para catálogo sistemático:**
  1. Literatura infantil       028.5
  2. Literatura infantojuvenil   028.5

Direção geral: Flávia Reginatto
Editora responsável: Maria Alexandre de Oliveira
Coordenação de revisão: Andréia Schweitzer
Revisão: Denise Katchuian Dognini e Ana Cecília Mari
Direção de arte: Irma Cipriani
Gerente de produção: Felício Calegaro Neto
Produção de arte: Everson de Paula

Revisado conforme a nova ortografia.

9ª edição – 2012
8ª reimpressão – 2023

Nenhuma parte desta obra pode ser reproduzida ou transmitida
por qualquer forma e/ou quaisquer meios (eletrônico ou mecânico,
incluindo fotocópia e gravação) ou arquivada em qualquer sistema ou
banco de dados sem permissão escrita da Editora. Direitos reservados.

**Paulinas**
Rua Dona Inácia Uchoa, 62
04110-020 – São Paulo – SP (Brasil)
Tel.: (11) 2125-3500
http://www.paulinas.com.br
editora@paulinas.com.br
Telemarketing e SAC: 0800-7010081
© Pia Sociedade Filhas de São Paulo – São Paulo, 2003

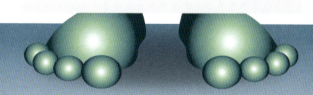

Para Lilian, João Pedro e Gabriel, com muito amor.

– Então foi para o...

Quando você perde alguma coisa e não consegue encontrar, pode ter certeza:

Quem pegou foi o Beleléu.

Beleléu é um monstrinho
que vive nas sombras
pegando tudo o que encontra
pela frente.

A única maneira de impedir o ataque do Beleléu é manter tudo sempre em ordem.

Os brinquedos guardados no armário, as roupas dobradas, as gavetas limpas e a cama bem arrumadinha!

As gavetas desarrumadas,
os brinquedos espalhados,
pode esperar...

HI HI

O Beleléu vai pegar!